hildegard könig

mensch werden

andere
weihnachtsgedichte

mit abbildungen von
peter kallfels

Die Deutsche Bibliothek CIP-Einheitsaufnahme

Ein Titeldatensatz zu dieser Publikation ist
bei Der Deutschen Bibliothek erhältlich.

Bibeltexte entnommen aus:
Einheitsübersetzung der Heiligen Schrift
© Katholische Bibelanstalt, Stuttgart 1980.

1. Auflage 2002 / ISBN 3-7698-1381-2
© 2002 Don Bosco Verlag, München
Umschlag: Margret Russer
Umschlagmotiv und Abbildungen: Peter Kallfels, Chemnitz
Produktion: Don Bosco Grafischer Betrieb, Ensdorf

Gedruckt auf umweltfreundlichem Papier.

Inhalt

	mensch werden	6
I	entfremdung: von anfang an	10
II	verheißung: auf zukunft hin	19
III	annäherung: advent	25
IV	erfüllung: weihnachten	32
V	gefährdung: flucht	48
VI	beziehung: mensch werden	57
VII	auseinandersetzung: friede auf erden	64
VIII	vereinung: zuletzt	76
	verzeichnis der gedichte	86
	deine bilder – mein rätsel	88

mensch werden

Vor siebzehn jahren
habe ich meinen ersten weihnachtstext
geschrieben:
ein kleiner persönlicher gruß für all die menschen,
die mir in zuneigung und freundschaft verbunden
waren.
seither entstand jedes jahr ein neues gedicht:
jedes jahr entdeckte ich einen neuen ton
an jenem lied, das von advent und weihnachten
singt,
vom ankommen des unfaßbaren
in unserer manchmal so eng gefaßten welt.
alljährlich ein neuer versuch,
diesen ton in worte zu fassen
und so zum klingen zu bringen.

dazwischen entstanden andere texte,
menschen ans herz geschrieben
und durch glück und leid veranlaßt.

wenn ich heute diese texte durchgehe,
begegnet mir ein thema,
welches immer zur sprache kommt;
das thema ist: mensch werden.

es ist ein weihnachtliches thema:
gott wird mensch.
aber es ist auch ein alltägliches thema:
ich, du, wir werden mensch.
mensch werden ist keine sache des augenblicks
sondern ein geschehen,
das uns ein menschenleben
oder eine weltgeschichte lang aufgetragen ist,
das erst dort zu seinem ende kommt,
wo der mensch die tür
zu einer neuen dimension seines daseins
durchschreitet,
wo die welt an ihr ziel gelangt,
ein ziel,
das uns entzogen ist,
das aber die ganze schöpfung
als keim ihrer sehnsucht
in sich trägt.

da fallen weihnachten und alltag zusammen:
wenn gott mensch wird,
macht er sich klein, faßbar, angreifbar:
die geschichte des menschenkindes
jesus aus nazaret,
eine allerweltsgeschichte
zwischen krippe und kreuz.
und darüber hinaus:

wenn gott mensch wird,
gebiert er sich in die herzen der menschen,
macht sich auch da klein, faßbar, angreifbar,
um das kleine, faßbare und angreifbare
menschenkind
über seine eng gesetzten grenzen
hinauszubringen:
gott vermenschlicht sich,
um den menschen zu vergöttlichen.

schwer genug,
das am eigenen leib zu erfahren.
das tagtägliche leben
läßt uns wenig spielraum dafür ...
vielleicht aber
lassen wir auch dem alltäglichen leben
wenig spielraum,
uns solche erfahrung zu eröffnen,
weil wir sie überall suchen,
nur nicht im nächstliegenden,
in uns selbst.

und dabei sind wir uns selbst doch
das größte abenteuer,
ein abenteuer
zwischen leben und tod,
zwischen lieben und hassen,
zwischen hoffnung und zweifel.
und mitten drin
begegnet uns ein du,
von uns in das wort gott gebannt,
tief in uns
und
darüber hinaus.

hildegard könig

I
entfremdung
von anfang an

unbeschriebenes blatt

Vor mir
   leer
   weiß
   nichts und alles
   drin
   fluch und segen
   urteil und freispruch
   und mit einem strich
   alles
   makulatur
   wie
   ein neuer tag
   alles möglich
   ein neues kapitel
   oder
   makulatur
   alles

»Noch liegt mir das Wort nicht auf der Zunge –
du, Herr, kennst es bereits.« *Psalm 139,4*

adam

Sie
vorgestellt
sagt
er
fleisch
von meinem fleisch
bein
von meinem bein
zur rede
gestellt
versteckt
er
sich
im gebüsch
hinter ihr
vor sich selbst
sagt
er
die frau
sie
die schlange
entzweit
am ende

*»Da gingen beiden die Augen auf,
und sie erkannten,
daß sie nackt waren.«* Genesis 3,7

sarah

deine haut
zu retten
setzt du
die meine
aufs spiel
dich nicht
zu gefährden
läßt du
mich
und andere
gefahr laufen
für deine ehre
bringst du mich um
die meine
spränge
mir nicht
ein anderer bei
ich
hätte nichts
zu lachen
bei dir
mann

»*Warum hast du mir nicht gesagt, daß sie deine Frau ist? Warum hast du behauptet, sie sei deine Schwester, so daß ich sie mir zur Frau nahm?*«
Genesis 12,18f.

entsorgung

irgendwo drinnen
zwischengelagertes
riskantes zeug:
ein wort – ungesagt
eine berührung – nicht zugelassen
eine liebe – uneingestanden
eine hoffnung – aufgegeben
ein aufbruch – versäumt
ein ziel – aus dem blick verloren
eine umkehr – verweigert
stellt sich
die frage
wohin damit ...?
oder
wär's bei dir
besser
aufgehoben?

»Doch wehe dem, der allein ist, wenn er hinfällt, ohne daß einer bei ihm ist, der ihn aufrichtet.«
Kohelet 4,10

frühwarnsystem

es geht
nicht gut
uneingestanden
kenne ich
die lüge
an der ich mich
wundlebe
leide
uneingestanden
nicht gut:
»es geht«

*»Erschaffe mir, Gott, ein reines Herz,
und gib mir einen neuen, beständigen Geist!«*
Psalm 51,12

einsicht

ich gehe mir
auf die nerven
immer
diese unlust
von nichts
leere ...
will
mir nicht eingehen
daß dies
der ort ist
wo
ich dir begegne
will
das
totschweigen
zuschütten
wegdrücken
bin außer mir:
zwecklos

»Komm nicht näher heran! Leg deine Schuhe ab;
denn der Ort, wo du stehst, ist heiliger Boden.«
Exodus 3,5

II
verheißung
auf zukunft hin

vision

dieses hier
ein kleines buch
innen und außen
beschrieben
klagen seufzer wehe
und
ich hörte
nimm
und iß
und aß
bitter im mund
das leid
den eingeweiden
süß
ein anklang
von heilsein
in mir
und
nahe schon

»*Er sagte zu mir: Nimm und iß es! In deinem Magen wird es bitter sein, in deinem Mund aber süß wie Honig.*«　　　　*Offenbarung 10,9*

ahas

daß DU
bei der hand ergriffen hast
den moloch-diener
der sein liebstes drangibt
für zweifelhaften erfolg
und DEIN EIGENSTES auslieferst
für fragwürdigen vorteil
daß DU
DICH
belästigen läßt
von seiner last
und hinwegnimmst
seine sünde
der welt
zum heil
IMMANUEL!

»Seht, die Jungfrau wird ein Kind empfangen, sie wird einen Sohn gebären, und sie wird ihm den Namen Immanuel geben.«   *Jesaja 7,14*

transit

den göttern
nachgejagt
die ohren
vollgeblasen
bis zum schwindel
festen grund
unter den füßen
nicht mehr
und
wie im feuer
ausgebrannt
es ist genug jetzt!
da
eine stimme
verschwebenden schweigens
streift mich
im vorbeigehen
die ahnung
DU BIST DA

»Der Herr antwortete: Komm heraus, und stell dich auf den Berg vor den Herrn! Da zog der Herr vorüber ...«   *1. Könige 19,11*

isai

novemberlaub voreiliges glück
 mürbe
 vom frost enttäuschung
 der baum überheblichkeit
 ausgelaugt
 vom durst nach sich selbst
 leichtes spiel:
 die einsamkeit
 holt zum letzten schlag aus
 und isai fällt und liegt gebrochen

 doch wie tau
 wirst DU seine wurzel tränken
 daß dem verwaisten stumpf
 ein neues reis entwächst
 und aufsproßt zu DIR
 am dürren holz
 erlösung

»Doch aus dem Baumstumpf Isais wächst ein Reis hervor, ein junger Trieb aus seinen Wurzeln bringt Frucht.« *Jesaja 11,1*

bileams ahnung

gottesworthörer
sagt das und das:
fluch wird segen
jakobsternseher
sucht hier und dort:
wolltet ihr weisen
die wahrheit nicht kennen
sie schüfe sich geltung
im munde der esel
und
schweigt ihr euch aus
dann reden die steine
vom menschgewordenen wort

»*Ich sehe ihn, aber nicht jetzt;*
ich erblicke ihn, aber nicht in der Nähe:
Ein Stern geht in Jakob auf ...« *Numeri 24,17*

III
annäherung
advent

schattendasein

die kraft geschwunden
    in uns
    einöde
    todesstumm

    des allerhöchsten bild
        verunstaltet
        kaum
        ein schatten
        seiner selbst
        doch

wird dein licht
    wenn du

dich herabläßt
    zu uns
    die wüste
    ungestalt

beschatten
    und sie wird
    erblühen
    in dir

»*Der Engel antwortete ihr: Der Heilige Geist wird über dich kommen, und die Kraft des Höchsten wird dich überschatten. Deshalb wird auch das Kind heilig und Sohn Gottes genannt werden.*«
Lukas 1,35

vorläufer

Vorläufig
liegt es an uns
wege zu ebnen
trotz des zweifels
wohin
vorläufig
ist es unsere sache
in die wüsten
zu rufen
wie besessene
und gegen das
wozu
anzuhoffen
vorläufig
sitzen wir fest
mit unseren fragen
nach dem kommenden
wenn ER uns
nicht sein wort
gegeben hätte –
man könnte
den kopf verlieren
vor warten

»Ich sende meinen Boten vor dir her;
er soll den Weg für dich bahnen.
Eine Stimme ruft in der Wüste:
Bereitet dem Herrn den Weg!
Ebnet ihm die Straßen.« *Markus 1,2f.*

gabriel

hast uns nichts mehr
  zu sagen
  zu künden
  zu deuten
  mann gottes
  wo not schreit
  hier und sonstwo
  am ende der zeiten
  zeigt sich
  nicht stark der starke
  ohnmächtig bloß
  zu allem bereit
  löst ER selbst
  die enden der zeit

»Im sechsten Monat wurde der Engel Gabriel von Gott in eine Stadt in Galiläa namens Nazaret zu einer Jungfrau gesandt ...« *Lukas 1,26f.*

übergang

dunkel
das die augen
schmerzen macht
dem wartenden
entrinnt die hoffnung
wohin
warum
ahnt die nacht
den morgen nicht
er kommt

»*Meine Seele ist tief verstört.*
Du aber, Herrr, wie lange säumst du noch?«
Psalm 6,4

IV
erfüllung
weihnachten

offenbarung

Zeit
und
ewigkeit
in einem augenblick
offenbart sich
eine unendliche geschichte
ein herzschlag
verkörpert
ein leben
und
du liebst
seiner zukunft
entgegen

»Deine Augen sahen, wie ich entstand ...
meine Tage waren schon gebildet,
als noch keiner von ihnen da war.«   Psalm 139,16

heimsuchung

Vertraut mit stall und kreuz
geht uns
das lob deiner herrlichkeit
zweifellos
leicht über die lippen
doch du
gnädig bist du
erinnerst dich
wieder
verschlägt uns dein wort
die sprache
macht deine hand
den leib beben
dann
suchen wir
wieder
an lob und herrlichkeit
zweifelnd
heim
zu dir

»In dem Augenblick, als ich deinen Gruß hörte,
hüpfte das Kind vor Freude in meinem Leib.«
Lukas 1,44

Wilder Engelswurz, 2001

provisorisch

bei vieh und hirten
das provisorium
unangemessen
vielleicht
eine zumutung
für kultivierte
nobelherbergen
hätten ihn
freilich auch
nicht aufnehmen können
nirgends
was fassen kann
das unfaßliche
wenn also provisorisch
dann richtig
für uns
vorausschauend
vorsorgend
fasse es
wer kann

»*Und sie gebar ihren Sohn, den Erstgeborenen. Sie wickelte ihn in Windeln und legte ihn in eine Krippe, weil in der Herberge kein Platz für sie war.*«
Lukas 2,7

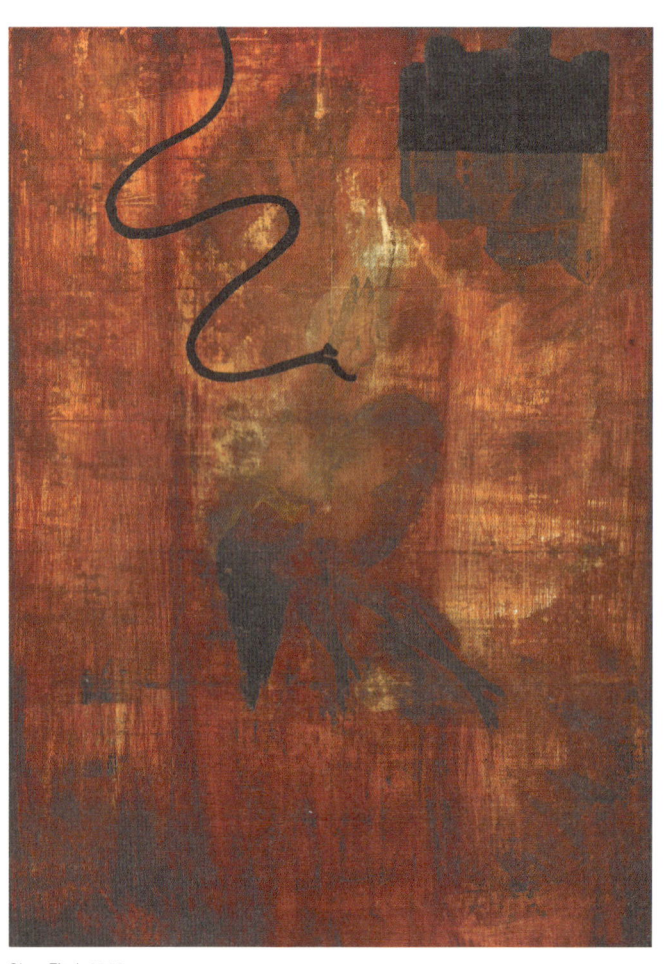

Ohne Titel, 2000

Verführung, 2001

stephanos

als ob sie
    mit gewalt den geist
    aus ihrer mitte austrieben
    und mit ihrem geschrei
    gegen die begeisterung ankämen
    als ob sie
    mit ihren steinen
    den geöffneten himmel zuschütteten
    und so ihr grauen
    ein für allemal aufginge
    im greuel!
    du siehst
    was sie nicht sehen wollen:
    was war
    ist wahr
    einer wirft
    mehr als einen stephanos
    ins gemenge
    sich selbst
    ein für allemal
    wird ihnen
    nicht angerechnet werden
    ihre niederlage
    sein sieg

»*Ich sehe den Himmel offen und den Menschensohn zur Rechten Gottes stehen.*«
Apostelgeschichte 7,56

Purpurweide, 2000

Ohne Titel, 2001

balthasar

Wieviel gold hab ich
dem reichtum zugetragen
wieviel weihrauch
der macht geopfert
wieviel sterne hab ich
kommen und gehen sehen
und bin
geblendet von ihnen
erblindet
nur die myrrhe
ist mir geblieben
und schmeckt mir bitter
im innern
wenn nachts ein kind schreit
dann treibt's mich fort
ins dunkel meiner zweifel:
schaue ich
HERR
noch einmal
dein licht

»*Da fielen sie nieder und huldigten ihm.
Dann holten sie ihre Schätze hervor
und brachten ihm Gold, Weihrauch
und Myrrhe als Gaben dar.*«   Matthäus 2,11

der vierte

allen reichtum
  der welt
  aufgeladen
  dem stern
  hinterher!
  unterwegs
  anderen begegnet
  verloren
  verraten
  verkauft
  zuletzt
  nichts
  in händen
  außer
  holz:
  mein reich
  nicht
  von dieser welt

»Mein Königtum ist nicht von dieser Welt ...
Also bist du doch ein König? ...
Du sagst es, ich bin ein König.«   Johannes 18,36f.

Vorher – Nachher, 2000

V
gefährdung
flucht

vertreibung

Und er gab
 den flüchtlingen
 in seiner güte
 drei früchte mit
 ins ungewisse
 vom baum
 der erkenntnis
 denken
 schreiben
 lesen
 daß
 sie sich erinnerten
 an den schmerz
 der vertreibung
 beim letzten wort

*»Seht, der Mensch ist geworden wie wir;
er erkennt Gut und Böse ...«* *Genesis 3,22*

flucht

Wenn
ein engel
dich fordert
steh auf
und nimm
was dir lieb ist
leib und leben
erinnern und hoffen
dann
flieh
vor dem nichts
in das land
der überlebenden
und bleibe dort
bis er dir
anderes aufträgt
eine irrfahrt
eine weiterreise
eine späte heimkehr
dein ziel
ist sicher dort
wirst du dich
endlich
niederlassen

*»Steh auf, nimm das Kind und seine Mutter,
und flieh nach Ägypten; dort bleibe,
bis ich dir etwas anderes auftrage ...«*
Matthäus 2,13

josef

Wenn es
so leicht wäre
mit träumen
und immer
einer da wäre
mit deutung
und weisung
dann wüßten wir
wo es lang geht:
ab mit ihm
nach ägypten
auf nimmer wiedersehn
meint
daherlaufen
ansprüche stellen
mehr wollen
und wissen
zu können

wo kämen wir hin
wenn jeder
so käme
wäre das
nicht
das ende
unseres elends
und was bliebe
außer
einem neuanfang
aber nicht
mit uns!

»Wir hatten einen Traum, aber es ist keiner da, der ihn auslegen kann ...
Ist nicht das Träumedeuten Sache Gottes?«
Genesis 40,8

übersiedelung

auf dem weg
zwischen
hier und dort
aufgegeben
und
noch nicht erlangt
tauschen höhnend blicke
wie böse geschwister
irrlichtern etwas
von heimat
herzlos
auf dem weg
dorthin
bleib herz
wo
du bist der du bist
dort
laß dich
beheimaten

»*Zieh weg aus deinem Land, ... in das Land, das ich dir zeigen werde.*« *Genesis 12,1*

ziellos

Wenn ich gehe
   von dir
   zu dir
   bleibt mir
   ein ziel
   verschlossen
   weiß nicht
   ob ich ankomme
   oder irrlaufe
   ob das fremde ist
   oder heimat
   oder ein auffanglager
   für vertriebene

»Denn ich bin nur ein Gast bei dir, ein Fremdling ...«
Psalm 39,13

weihnachten 2001

Zwei
　heimat
　los
　auf der suche
　nach beherbergung
　beieinander
　alarmierte herzen
　und draußen
　flucht
　wagen
　bereit
　richtung
　ägypten
　sollte
　nähe
　gefangen
　nehmen

*»Gab es denn keine Gräber in Ägypten,
daß du uns zum Sterben in die Wüste holst?«*
Exodus 14,11

VI
beziehung
mensch werden

nähemaschine

Wenn
   dieses gewebe
   hier
   fadenscheinig
   zerschlissen
   brüchig
   geworden
   nichts mehr
   hergibt
   soll ich
   dir
   das flicken
   überlassen
   du
   meine
   nähe
   maschine?

»Niemand setzt ein Stück neuen Stoff auf ein altes Kleid ...«   Matthäus 9,16

spiegelblick

da stehe ich
vor mir
mein alter
sehe ich
mir an
schön und gut
ja
schön
und
gut
ich
nicht mehr
und
nicht weniger
du

»*Gott sah alles an, was er gemacht hatte:
Es war sehr gut.*«   *Genesis 1,31*

entlarvung

ungeschminkt
liebst du
mich
küßt
vom gesicht
die maske
und
nimmst mich
im handstreich
von der rolle
meiner
selbst
inszenierung
entblößt
trifft mich
der kalte blick
meiner zweifel
bis du
mich
deckst
mit dem mantel
deiner liebe

»… denn die Liebe deckt viele Sünden zu.«
1. Petrusbrief 4,8

börse

Keine ahnung
   wie derzeit
   meine aktien stehen
   aber
   irgendwie
   eine erwartung
   langfristiger werte
   in mir
   mit aussicht
   auf entwicklung
   vielleicht
   sollte ich mich
   um ihre anlage
   kümmern

»*Der aber, der das eine Talent erhalten hatte,
ging und grub ein Loch in die Erde
und versteckte das Geld seines Herrn.*«
Matthäus 25,18

erkennen

das
alltägliche
brot
zu brechen
gemeinsam
den wein
altern
zu lassen
und
reif geworden
zu kosten
vom glück
unserer
menschenzeit

»... wie sie ihn erkannt hatten,
als er das Brot brach.«   Lukas 24,35

VII
auseinandersetzung
friede auf erden

broken hearts

frag mich nicht
woher
diese trümmer
frag
wohin damit
gott weiß was
damit an-
oder herstellen
– nur nicht hier
und nicht jetzt –
irgendwie
abstellen
zwischen
zweifelhafter hoffnung
und
ernstgemeinter ironie
nirgendwo
ein besserer ort

»*Ich nehme das Herz von Stein aus ihrer Brust und gebe ihnen ein Herz von Fleisch ...*«
Ezechiel 11,19

kindermord in betlehem

geschrei in rama
zu hören
lautes weinen
in ramallah
und klagen
in gaza und jerusalem
leid
taugt als waffe
gegen eigene und andere
haß
braucht opfer
hier wie dort
steine brandsätze stahlgeschosse
rahel weint
um ihre kinder
will sich nicht trösten lassen
fordert rache
von kinderhänden
von halbwüchsigen

vergeblich
sie sind dahin
und
im himmel über betlehem
und anderswo auf erden
kein friede
kein wohlgefallen
wo
ist ein retter?

»*Und er ließ in Betlehem und
der ganzen Umgebung
alle Knaben bis zum Alter von zwei Jahren töten ...*«
Matthäus 2,16

11.9.2001 und öfter

hast

nicht genug	mach
herr	sie endlich
der heere	aufhören
von dir und	zu morden
deiner verheißung	sich und dich
jakob	anzuekeln
habe ich lieb	mit
doch	zerstückten opfern
esau	kindern
hasse ich	ohne hoffnung
meinst	geht nicht
es genüge	auf
einen säugling	deine strategie
zwischen sie	herr
zu legen	der heere
in betlehem	tritt ab
und	überlass es
in kandahar	deiner weisheit
für einhalt	jakob
und	zu verbinden
frieden	und esau

»Gib mir die Weisheit, die an deiner Seite thront, und verstoß mich nicht aus der Schar deiner Kinder!«
Weisheit 9,4

dina

jakobs
stamm
frau
gewalt tat
der dich liebte
und
die seinen
gaben alles dran
für dich
und verloren das leben
erschlagen
sie
deine zukunft
gottes
menschen
betrug
da ist keiner
namens
ich bin da

nur
wir
mit dem blut
deiner brüder
an den händen
verloren
die unschuld
tochter
jakobs

»Dann machten sich die Söhne Jakobs über die Erschlagenen her und plünderten die Stadt, weil man ihre Schwester entehrt hatte.« Genesis 34,27

gottes männer

klagt euch
die stirn wund
an euren mauern
redet euch
um leib und leben
in euren kirchen
ruft euch
das herz aus der brust
auf euren minaretten
ihr bleibt
unerhört
fern
euren frauen
sprachlos
von
euren harten rechten
ausgeschlossen
vom
allerheiligsten
erwartet ihr euch
von euren götzen
nichts
als unheil

»Ihr verschließt den Menschen das Himmelreich.
Ihr selbst geht nicht hinein, aber ihr laßt auch
die nicht hinein, die hineingehen wollen.«
Matthäus 23,13

knotenlöserin

in mich
verstrickt
anfang und ende
nicht mehr
im griff
und im gezerre
zieht sich
die schlinge fester zu
keine lösung
ein letzter schnitt
entzweit
für immer

du
meine liebe
hältst es anders
geduldig
der bedrängnis
folgend
setzt frei
du
mit bloßen händen
was andere
mit der gewalt nicht
vermögen
deine stärke
behutsam
meine liebe

*»Sie ist nur eine und vermag doch alles;
ohne sich zu ändern, erneuert sie alles.«*
Weisheit 7,27

VIII
vereinung
zuletzt

fundsache

buchstabierend
    die seiten meines herzens
    finde ich worte
    längst abgelegt
    im zwischenzeitlichen:
    unter dem staub
    der vergessenheit
    die schimmernde ikone
    meiner träume
    und trage sie
    jetzt
    in mir
    wie einen kostbaren fund
    voll staunen
    über meine selbstverlorenheit

»Und ich sah ... eine Buchrolle;
sie war innen und außen beschrieben und mit
sieben Siegeln versiegelt.«   Offenbarung 5,1

unterwegs

entzogen
dem hier
habe ich zurückgelegt
meine etappe vergessen
als sei
der eindruck
so nachhaltig
nicht
und jetzt
in den stimmen und blicken
von dort
entdecke ich
mich selbst
belächelnd
die täuschung
als wäret
ihr nicht mitgegangen
ein stück
wäre ich nicht
hiergeblieben

»Denn Stückwerk ist unser Erkennen,
Stückwerk unser prophetisches Reden;
wenn aber das Vollendete kommt, vergeht alles
Stückwerk.« 1. Korintherbrief 13,9

besiegelung

leg mich
auf dein herz
wie ein siegel
dich einprägend
mir
anvertrautes pfand
deine träume
leg dich
wie ein siegel
auf mein herz
doch pfände nicht
die träume
die uns forttragen
ins unvertraute

*»Leg mich wie ein Siegel auf dein Herz,
wie ein Siegel an deinen Arm!«*   *Hohelied 8,6*

zwischenleben

anfangs du
vollends du
dazwischen leben
ins herz gepfändet
anfangs
verwahrt
verschenkt
inzwischen
verschwendet
bleibt ein rest
zur auslösung
leben
vergeben
dazu
vollend's du!

»Ich bin das Alpha und das Omega,
der Anfang und das Ende.«
Offenbarung 21,6

magnificat

groß machen
will ich
DICH
in meinem leben
fühlen und denken
will ich
einstimmen
DIR
zum lob
für nichts
erachtet
war ich
ohne macht
und ansehen
da
hast
DU
mich angesehen
voll und ganz
gemacht
meine güte
wie groß
bist
DU

»*Meine Seele preist die Größe des Herrn,
und mein Geist jubelt über Gott, meinen Retter.*«
Lukas 1,46f.

umkehr-fuge

Was innen nach außen
    und was außen hinein
        und das größte nach unten
        und nach oben was klein
        und das hellste ins dunkel
        und das dunkel ins licht
        und das eine für alle

        und das all faßt es nicht

        faßt es nicht dieses eine
        nicht das dunkel das licht
        was sich äußert da drinnen
        ahnt das draußen noch nicht:
        daß das größte ganz unten
        im kleinsten erscheint
        und dies eine alles ...
in sich vereint

»Und das Licht leuchtet in der Finsternis,
und die Finsternis hat es nicht erfaßt.«
Johannes 1,5

verzeichnis der gedichte

11.9.2001 und öfter (2001)	68
adam (2001)	12
ahas (1989)	21
balthasar (1986)	44
besiegelung (1986)	80
bileams ahnung (1990)	24
börse (2001)	62
broken hearts (1994)	65
der vierte (1998)	46
dina (2002)	70
einsicht (2001)	18
entlarvung (1987)	60
entsorgung (1998)	16
erkennen (1987)	63
flucht (2000)	50
frühwarnsystem (2001)	17
fundsache (1985)	77
gabriel (1994)	30
gottes männer (2002)	72
heimsuchung (1988)	34
isai (1987)	23
josef (2002)	52
kindermord in betlehem (2000)	66
knotenlöserin (1999)	74

magnificat (2000)	82
nähemaschine (2001)	58
offenbarung (1997)	33
provisorisch (1991)	36
sarah (2002)	14
schattendasein (1985)	26
spiegelblick (2001)	59
stephanos (1993)	40
transit (1997)	22
übergang (1986)	31
übersiedelung (1986)	54
umkehrfuge (1995)	84
unbeschriebenes blatt (2001)	11
unterwegs (1988)	78
vertreibung (1989)	49
vision (2001)	20
vorläufer (1992)	28
weihnachten 2001	56
ziellos (1997)	55
zwischenleben (1996)	81

deine bilder
mein rätsel

für peter kallfels

ich schaue deine bilder an
und in mir wachsen erinnerungen
an alte kostbare stoffe
die ich in französischen schlössern sah
an schwere folianten in barocken schränken
voller wissen über die dinge der welt
an ikonen in östlichen kirchen
dunkel und brüchig geworden
vor gebeten und weihrauch
ich schaue deine bilder an
und sehe mich selbst
ein gewebe der zeit
gewirkt von anderen händen
gezeichnet von meinem geschick
und von dir und mir
verwahrt wie eine reliquie
der nächsten zukunft

juli 2002